가난한 영혼을 위한 노래

가난한 영혼을 위한 노래

강성재 시집

시인동네

시인의 말

이 시집에 담은 시편들은
순수하고 열정적이었던 시절
내 젊은 날의 편린(片鱗)들이며,
생각의 꽃입니다.

아득한 세월의 뒤란을 돌아
시상(詩想)의 정원에 서서
나는 옷깃을 물들이는
한 그루 단풍나무이고 싶습니다.

2024년 10월
강성재

차례

시인의 말

제1부

자화상 · 13
책과 빵 2 · 14
책과 빵 3 · 16
책과 빵 4 · 18
가야 한다 그 길을 · 20
서시 · 22
X-ray · 23
첫사랑 · 24
구두 뒤축을 갈며 · 26
비 오는 날의 시(詩) · 28
군불을 지피며 · 30
볼트와 너트의 이름으로 · 32
신문을 보면서 · 34
지상의 저녁 · 36

제2부

쌀을 씻으며 · 39

어머니의 아침 · 40

섬 · 43

사모의 노래 · 44

연을 날리며 · 46

우렁이의 노래 · 48

호박 · 49

가난한 영혼을 위한 노래 · 50

가지치기 · 52

수정동과 오동도 · 54

바다, 사계의 노래 · 55

내 한 벌의 옷 속엔 · 58

달 · 59

바람벽 · 60

나는 왜 울고 싶은 것일까 · 62

제3부

미나리 · 65
자정을 지나 밤은 · 66
아침맞이 · 68
고도에서 1 · 70
고도에서 2 · 72
고도에서 3 · 74
고도에서 4 · 76
고도에서 5 · 78
겨울 풍경화 · 79
횡계리의 겨울 · 82
보리를 밟으며 · 84
눈이 오는 날에는 · 86
대포 가는 길 · 88
해머를 들고 · 90

제4부

아버지의 노동으로 · 93

고향 · 94

플라타너스 · 95

5월 · 96

퍼붓는 비가 되어 · 99

완행열차를 타자 · 100

저녁놀 · 102

편지를 쓰자 · 103

향나무를 바라보며 · 104

그늘 속으로 · 106

느티나무 · 107

여수 · 108

화해를 위하여 · 110

무명초 · 111

겨울나무가 되어 · 112

해설 푸른 염원의 깃을 다시 펼치며 · 113
  백인덕(시인)

제1부

자화상

1961년도
발표된 젖어 있는
시(詩)

717페이지짜리
대한민국이 발행한
시집 한 권

책과 빵 2
— 책보다 커다란 빵에 관한 학습

책을 잘 읽으면 빵이 보였다

떡갈나무 닮은 선생님은
햇볕 아래 부채 잡은 손을 흔드시며
운동장 가에 멍석을 펴
우리를 부르셨다
밤송이로 날아오는 햇살을 피해
선생님 그늘에 몸을 숨기며 일제히
산개구리가 되어 돋우던 목청들

학습일지에 화단을 일구시던 선생님은
채송화 씨앗 같은
우리를 그 일지 속에 심어두시고
방학이 오기 전 꽃을 보고 싶으신지
송송 땀을 흘리셨다

흙을 고르고 덮느라 애쓰시는 선생님
그 마음 뒤편에 서서

철·수·야·영·희·야·바·둑·아·이·리·오·너·라
나하고 놀-자
풀빛 목소리로 따라가면
마음은 벌써 철수와 영희와 함께
바둑이를 데리고 들판으로 뛰어가고,

책을 잘 읽는 아이들에게만
먼저 돌아가던 옥수수빵이 더 먹고 싶어

세계지도 어디쯤에서 찾아보는
아메리카, 아메리카

국어책을 읽다 보면
어느새 책보다 커다란 빵이 보였다

책과 빵 3
― 땔감

동백꽃 두 볼이 더욱 붉던
그해 겨울 우리가 찾은 산 입구에
〈입산금지〉 푯말은 장승처럼 서서 길을 막고
산은 자신의 내부로 가는 길을 허락지 않았다

숲과 숲 사이, 비밀의 문을 열고
동생과 나는 숨어 들어간 산속에서
산삼을 캐듯 죽은 나무뿌리를 캐야 했다

훈훈한 노동으로 몸을 데우며
입고 온 옷들을 하나둘 벗어던지면서
우리들이 껴입고 있는 이 겨울마저도
함께 벗고 싶었다, 그래 아우야
늘 푸른 소나무와 혼을 땅속에 묻어버린
잡풀 속을 헤치며 나아가자

이마에 물방울 같은 땀을 달고서 쫓기던 그해 겨울
산지기가 던지는 칡넝쿨 같은 올가미

무모한 산속의 헤맴
결코 벗어버릴 수 없는 우리들의 삶
멜빵을 매고 한 짐의 무게를 넘어
지게와 함께 죽은 나무뿌리처럼 넘어지던 그날

밤새 찬 구들장에 몸을 얹고 있던 식구들
마음마저 얼릴 수 없는 새벽까지 깨어
가족을 위한 땔감이 되고 싶었다, 나는
방안 가득 입김을 불어넣으며

낮은 지붕 처마 위로 솟는 굴뚝 연기를 위해
언 손가락 열 마디 책장을 넘기며
베니어합판 책꽂이의 손때 묻은 책들이
부푼 빵으로 보일 때까지

책과 빵 4
―1980년 겨울

빛이 들지 않던 창
1980년 겨울 나는
흑백사진 하늘 한 자락을 끌어내려
잿빛 얼굴이었다
찬바람은 소문처럼 모래를 뿌리며
날아다니고, 지난봄
천변에 매듭 풀린 물들이 다시
강에서 얼어붙곤 했다
어디로 날아야 하나 나는
온몸에 줄을 감고 책과 빵을 위해
독서실을 나서자마자 발을 헛디디곤 하던
가로수 잎 같은 귀갓길
늦은 밤이면 구공탄이 숨을 거둔
방에서 나는 삼각 도형을 그리며
새벽까지 깨어 있었다
아, 뼈마디 저리는 세상을
쓰린 눈으로 읽어 내리며
때론 눈물의 감상문을 쓰면서

나는 담아야 할 페이지마다
방점을 찍고 또 찍으며
아침이면 하루분의 빵을 위해
하행선 아랫목 같은 고향길을 지우며
세찬 눈발로 온 도시를
덮어가고 있었다

가야 한다 그 길을

―가야 한다 그 길을

―아니에요 아버지, 그 길이 아니어도 길은 열려 있어요

―아니다 오직 그 길을 간 사람만이 넘어지지 않는 것을 보았어! 내가 가고자 하는 길은 빗장 걸린 문이다

―아버지, 넘어져서도 피어나는 꽃이 더 아름다운 법이에요 그리고 닫힌 문은 열기 위해 있는 것이 아닌가요?

나를 사랑하시는 아버지, 전쟁과 보릿고개의 언덕을 바람으로 넘어오신 아버지, 숲이 아닌 들에서 성장하신 큰 나무 초등학교 시절 아이들 틈에 몽당연필로 끼어 있던 나에게 새 연필이 되고 싶었던 아버지,

아버지의 땅은 헐벗고 건너다보이는 땅은 갈지 않아도 기름집니다 이것은 모순입니다 아버지, 모순은 벗겨 버려야 할 관습의 이끼이기도 합니다 참가치란 역사가 적는 실록, 보습날이 되어 나날이

새길을 내며 가겠어요

땅의 하늘이신 아버지!

서시

가지 말자고 했다 더러는
가지 말라고 했다 누구는
돌부리가 비수를 품고 서 있는
그 길
가시덤불 우거지고 까마귀가
우는 날

쓰러진다고 했다
스러져 가라앉는다고 했다
가라앉아 떠오르지 않는
아, 우리들의 생

누구는 가지 말라고 했다
더러는 가지 말자고 했다
가야 할 그 길

X-ray

첨탑 위에
내 목숨이 단면도로
누워 있다

어둠 속에 등을 단
인광(燐光)의 진실
태초를 날던
시조새였을까?
나무처럼 집을 지은
내 가슴속

부러진 갈비뼈 하나가
세상 밖에서 울고 있다

첫사랑

도서실에서 시집을 읽으며
공부하는 그녀와 만났다
시인의 가난한 생애에 대하여 이야기하며
시의 나라에 꽃을 꽂고
그래도 나는 가난한 시인이
되고 싶다고 말했을 때
그녀는 감동했다
검은 머릿결과 하얀 피부색을 지닌
서글서글한 인상의
그녀가 좋았다
때론 하루 두 잔의 차를 마시며
주인공이 날 닮았다는
순정 영화를 보면서 우린
사랑했다, 함박눈이 찔레꽃처럼 내리던 계절
끝에서 문풍지를 단 한 통의 편지가
왔을 때까지
"저는 모순된 아이였습니다."
마지막 구절로 그녀는 떠나가고

오 촉 전구의 불빛 아래에서 나는
돈과 학벌과 명예에 루트(√)를 씌우는
수학적 공식을 기막히게 풀면서
서툴지 않게
쓰고 또 써 보았다

구두 뒤축을 갈며

닳아버린 구두 뒤축을 간다
푸른 나뭇잎 같은 지폐 몇 장이면
새 구두를 살 수 있겠지만
함부로 버리지 못하는 것이
깊은 정 같다

산다는 것은
물빛 그림 그리기인데
낮은 곳으로 낮은 곳으로 얼굴을 비비며
피 흘린 나의 구두여
네 사랑은 연민
줌으로써 바람 없음이
어찌 아름답지 않으랴

구두를 신으며
나는 생각했다
내 목숨이 낡고 해지기 전에 버리리라
진실과 미학의 가치 위에서

나는 또 얼마나 많은 거짓과 모순을
구두 속에 감추고 살았던가

그림자 하나 반듯하게 세우지 못하고
구두 뒤축이 기울듯
기운 나의 나무여
빈 마음에 낙엽으로 흩어진
지나온 발자국을 쓸어 모으며
내가 걸어가야 할 땅과 하늘
그 먼 길을 바라본다

비 오는 날의 시(詩)

비가 오면
누군가를 만나고 싶다

일기장에 남몰래 적고
젖어보던 외로움처럼
창을 열고 빗소리에
젖어보고 싶다

우산을 못 가져도 좋을
이런 날에는
빗속을 홀로 가는 바람처럼
시간표가 없는 종점에 내려
해변을 걸어보고 싶다

걷다가, 걷다가 지치면
작은 찻집에 섬으로 앉아
따뜻한 찻잔 속에 몸을 녹이며
바흐의 음악을 듣고 싶다

토란잎 같은 우산 속에서
낮달로 뜨고 있을 그대여
가다가 비 그치는 인연일지라도
뜨거운 가슴으로
그대를 만나고 싶다

군불을 지피며

시를 쓰리라
내 육신 수분 다 버리고
마른 뼈로 남아 영혼 가득
불타는 말로 시를
쓰리라

차마 서러운 얘기일랑
치마폭에 담아 우시던 내 어머니,
그 어머니의 낮은 어깨를 적셔주던 하늘처럼
땅에서 일어서는 한 아름 불꽃으로
수레를 끄는 형제들의 뒷등을 감싸주는
한 벌 옷이 되고 싶다

찬바람을 막아
군불을 지피며
생각의 뜰에 싹을 틔워
사람의 말로
사람의 양심으로

사람의 사랑으로 피어나
찔레꽃이 되는

아, 찬 구들에 누워
몸 아픈 사람이여
그대를 데우고
온전한 한 줌의 재로
남을 때까지

볼트와 너트의 이름으로

산과 산 사이
볼트의 이름으로 너를
뜨겁게 부르노니
골짜기와 골짜기 사이
너트의 가슴으로 포근히 안겨 오라

기름 배인 풀꽃은 지고
기어처럼 풀린 날이 저무는 들판에서
신나처럼 불이 붙는 하늘

산을 담은 가슴으로
바다를 담은 가슴으로
내가 그대에게 달려가고
그대가 내게 달려오지 않는다면
한 세상 금 간 가슴들을 어이 맞출 수 있으리

볼트여
참 노동의 땀

참 노동의 눈물을 아는
너트여

365일 이명(耳鳴)의 새는 날아가지 않고
낡은 기계가 아픈 가슴을
어루만지며 쿨럭일 때
고압가스의 음모가 안개군단처럼
총칼을 들고 새어 나올 때

껴안아라
찢기는 어깨에 입 맞추어라
쓰러지는 꿈을
볼트와 너트의 이름으로
큰 세상 이룰 때까지

신문을 보면서

아침 공복으로 눈을 뜨면
조간신문 활자가 싱싱하게 꽂혀 온다
선명하게 잉크의 향기가 스며오는 32면
출렁이는 말들을
살아서 목마름으로 읽는다

비중이 큰 정치 사설 한 구절쯤
반신반의로 읽다가 넘어가고
수천 조 빚을 짊어지고
국민소득 3만 불 선진경제는 건강한가?

남북회담 결렬
흰옷 입은 민족의 희망도 부서지고
판문점을 지나면
한반도 모진 슬픔을 닮은 철조망,
가시나무새가 울고 있는 것을 본다

―장애자 사회봉사, 효행 20년, 경찰관 박봉을 털어 불우이웃 도

와……

   대화법도 모르고 등을 보이고
   돌아앉는 나의 모진 마음도 털어버리고
   사회면에 피어 있는 달맞이꽃을 본다

   TV 채널에 잠깐 눈 맞추고
   네 컷 만화를 보다가
   흰 공을 쫓는 프로야구의 함성을 듣는다
   하늘에 뜬 애드벌룬 속에
   세상사는 또 잊을 만하고,

대문 밖에 서성일 민주와 평화
그 모든 그리움을 맞이하기 위하여
눈길을 옮긴다

지상의 저녁

가자 한다
그만 쉼 없이 가자 한다
시간은 바람으로 나를 부르고
길 떠나자 한다

갯벌 혹은 늪
일곱 빛깔 물감을 들고 세상을
그려왔으되 그 무엇도 이룬 것 없이
강물이 흐르는 지상의 저녁이면
바다가 되고 싶은데
바다가 되어 눕고 싶은데

시간은 나를 부르고
그만 일어나자 한다
일어나 걷자 한다

제2부

쌀을 씻으며

함지 가득 물을 붓고
참으로 가라앉혀야 할 것과
부표로 띄워 보내야 할 것을 생각하며
쌀을 씻으면
쌀의 눈물과 더불어
쭉정이와 검불과
모든 껍데기뿐인 것은 뜨고
일용할 양식만이
맑게 씻겨서 가라앉아 있나니
빛과 어둠이 섞인
세상 가득 물을 붓고
참으로 남겨야 할 것과
버려야 할 것을 생각하며
쌀을 씻어 내리면
맑은 눈을 뜨는 빛만이 남고
쭉정이와 검불과 쌀겨로
씻겨가는 어둠을 볼 수 있다

어머니의 아침

1
식구들의 잠 깊은 강을 건너
등불을 켜는 어머니의 아침은
늘 축시였다
낮게 웅크린 아궁이에
불을 지피고 밥을 짓는 동안에도
작은 기도 소리가 들리고
따스한 손길로 싸시는 몇 개의 도시락엔
들에 콩을 심으시는 마음으로
모정을 꼭꼭 눌러 심으셨다
싸리 빗자루로도 쓸려가지 않는
가난의 모래알들을 털어내는
30년 어머니의 행상길,
어둠이 뒤를 밟거나
달빛이 긴 그림자를 만들며 함께 걷곤 하였다
바람이 솔숲을 울리고
빗방울이 황토에 마마 자국을 남기는 날에도
하얀 무 몇 단과 푸른 배추 몇 포기의 희망이

어머니 머리 위를 떠나지 않을 때
내 눈에는 지울 수 없는 큰 강이 흐르고
나는 한 그루 느티나무로 자라리라
다짐했다

2
온몸으로 물빛 그림을 그리며
팔을 뻗어가는 동안
때로 거미 같은 아픔이 찾아와서
늘 하늘빛이던 어머니의 얼굴에
이승을 떠도는 먹장구름 한 장이 걸릴까 두려웠다
자반고등어와 고기 두 근의 무게로
가난은 돌아오고
사과처럼 열린 해가 내려다보는 동안
언제쯤 우리 식구는
솜이불을 덮을 수 있을까?
뽑아도 다시 나는 어머니의 새치처럼
들에 잡초는 잘도 자라나듯

우리 식구의 목숨이 저리 모질고
몸 성하다면 산맥처럼 굽은 허리인들
곧 펴지지 않겠느냐 아들아
땀 밴 손으로 호미를 잡으시고
가난이 흐르는 강을 징검다리로 건너가시는
어머니의 아침은
늘 축시였다

섬

눈[雪]이 퍼붓는
갯섬

그늘에 끼여 보이지 않았다
가난을 내다 파시는
어머니의 행상길

소금 절인 일상도
주먹 같은 눈물이 내려
지워지고

바다도 섬도
하늘로
하늘로 오르고 있었다

사모의 노래

보서요 어머니

지심 매던 호미를 거두시고
맑디맑아 서럽기조차 한
어머니의 하늘엔
새들의 자유

이제 막 몇 송이의 별이 떠오르고
황토 된 이 땅의 노동 위에
종소리 들려옵니다

함께 이름 지어요 어머니

들밭 청무를 뽑으며
시대의 저녁을 위하여
이름 없는 풀꽃과
박꽃 등(燈)이 켜지는 마을로
돌아갈 때

들을 비우듯 마음 비워서
아름다운 날들만
새겨 넣어요

연을 날리며

1
삭풍이
문풍지 아이를 울리고 가는 밤이면
신우대 살을 깎아 연을 만들고
나는 북망산에 집 지으신 할아버지 그리며
눈물 젖곤 하였다

푸른 보리싹이
내리는 눈에 발목을 적시는 아침
할아버지는 숨결이 고르게 들리는 얼레에
인연 같은 줄을 감고
동구에서 남향으로 연을 띄웠다

봉황의 꼬리를 달고 비상하던
한 마리 새

2
남은 이의 눈물보다

떠난 사람의 발걸음은 아름다움일까
얼레 잡은 할아버지 손을 놓고 돌아서던 날처럼
그대를 떠나보낼 때
나의 빈 가슴으로 숨죽여 내리는
눈발의 꽃잎

날아올라라 새여
꽃잎을 물고
하늘 끝까지

우렁이의 노래

가지 마세요
비 내려 연못 속에
논두렁 논길에
우렁이

가지 마세요
가지 마세요
제 살 제 뼈 다 주고
새끼를 치는 이승의 연못 속에
떠오르는 꿈길에
빈집

어머니

호박

어머니 가슴속
눈물로 빚은
비바람 다 우이고
오천 년 햇살로 구워낸
질그릇 하나

가난한 영혼을 위한 노래

산다는 것이 때로
눈물겨울 때
붓을 들고 화폭 같은 강변에
나가볼 일이다

해 질 녘 노을처럼
강변을 걸어오는 사람들
손에 가난은 익어
파장을 돌아
고등어의 슬픔으로 남을지라도
어깨 위로 내리는
깨끗한 눈송이를 오래도록
바라볼 일이다

달빛이 안개꽃처럼 야윈 강심
우리도 저와 같이
가진 것이 없음으로
더 빼앗길 것 없는

이 넉넉함
이 눈부심으로 흘러볼 일이다

산다는 것이
때로 눈물겨운 사람아

가지치기

1
가지치기를 한다
들이 눕고 바람이 떠난
겨울 과수원에서
지게를 받쳐 두고 모닥불을 지피며

가지치기를 한다
하늘에 가닿아도
제 육신인데
아프지 않으랴
용서하라 나무여
용서하라

기도하는 농부의 마음으로
가지치기를 한다

2
봄이 와도 나의 나무에는

꽃이 피지 않는다
지난겨울 온실에서
헛가지만 키워 온 나의 나무여

제 목숨을 버리는 일 없이
어찌 가시나무새처럼 울 수 있을까
영혼을 괴는 아픔 없이
어찌 피리 소리로 떠날 수 있을까

가지치기를 한다
꽃이 피고 새가 날고 탐스러운 열매가
맺을 때까지

수정동과 오동도

수정동은 오동도를 바라본다
오동도는 수정동을 바라본다

오동도 동백나무는 손을 들어
수정동 사람들의 안부를 묻는다
수정동 사람들도 손을 들어
오동도의 안부를 묻는다

아침이면
오동도 산책로를 따라
아버지와 어머니가 걷고
오빠와 누이가 걷는다

오동도는
수정동 사람들의 정원
밤새 씨앗이 싹을 틔워
아침이면 햇살의 꽃을 가꾼다

바다, 사계의 노래

1
바다는 어머니
손님처럼 돌아오는 아버지로 하여
좋아라
단내 나는 내 꿈의 건반 같은
물결로 해초를 키우고
해안마다 밀물에 실려 와 해풍은
전설의 나무에 꽃을 피워
꽃잎 같은 발자국 남기고 걸어가면
벌, 나비 날고
한 시대가 돛을 올리는 출항제

2
수평선이 기지개를 켜면
높아지는 하늘
내 생애만큼 깊어지는 바다에
부표를 달고
따개비 손을 적시면

뱃전 가득 휘파람을 부는 비조여
허물을 벗는 가난의 등피가 쓰리다
기상예보
해도를 따라 어둠이 파랗게 날고
수만 군마가 달려오듯
흰빛 갈기를 세우는 파도

3
산이 되는 바다
뭍으로 뭍으로 그리움의 편지를 쓰던
섬은 종(鐘)이 되어 울고
돛대 위에서 오색으로 펄럭이던 바람
건강한 새들의 부리에
노을이 지고
단풍이 드는 바다

4
집어등을 켜고

몇 겹 어둠을 썰면
우리들의 견고한 손
견고한 어깨 위로 찔레꽃 눈이 오고
그물에 돋아나는 청어의 비늘
유빙처럼 잠이 들면 꿈결인 듯
치아 고른 아이들의 숨소리가 들리고
깨어보면 유년의 목선이 노를 젓는 바다는
태양을 한 아름 품고
솟아오른다

내 한 벌의 옷 속엔

내 한 벌의 옷 속엔
수많은 바람의 날과 꽃빛 물감들이
꿈을 꾸고 있다

따뜻한 가슴을 지닌 사람일수록
눈물이 많고,
생을 감싸는 옷가지에
그림자를 드리우는 일상의 때로 인하여
밤이면 속살을 드러내고 강에 내려앉아
분신처럼 운다

산다는 것이 때론 이렇게
노동의 땀을 흘리며 하루 한 번씩
물에 잠기는 일일지라도

내 한 벌의 옷 속엔
젖은 햇살과 마른 바람이
물빛 꿈을 꾸고 산다

달

한 시대가 고이 잠든
새벽의 나라에

메마른 대지를 어루만지며
묵화(墨畵) 속에
등불 하나 켜져 있다

기막히게 외로운
사내 하나 떠 있다

바람벽

벽은 겨울의 창(窓)
비둘기 같은 눈[雪]이
내리고 있다

이젤로 펼쳐진 들판에
죽지를 털고 있는
저 살아 숨 쉬는 눈들의 호흡
한 시대를 못질한 시인이 기다리는
화가는 오지 않고

담쟁이덩굴 홀로
팔레트 같은 대지 위에서
물감을 개어 그림을
그려가고 있다

두 개의 창은
화가의 얼굴 같고
화가의 손바닥 같다

평면적인 삶을 거부하는 몸짓으로
담쟁이덩굴이
나무처럼 등뼈를 곧추세우는
바람벽

나는 왜 울고 싶은 것일까

아가가 잠든
자정을 넘어 시를 쓰면
바람으로 펄럭이던 세월
후미진 골목에 가등처럼
달맞이꽃이 피었는데
마른 뼈를 깎아
피리를 불던 시인아
나는 왜 울고 싶은 것일까
어둠에 쫓기던 노동도
찬 눈물도
녹이면서 불꽃 속에서
빵과 자유에 대해
시를 쓰는 밤이면
나는 왜 울고 싶은 것일까
올려다본 하늘은 박꽃 같고
아득한데
젊은 시인아

제3부

미나리

인간이 만든 작은 세상에서
미나리는 산다

언제나 발목을 물에 적셔 두고서도
발 시려 아파해 본 적이 없다
한겨울 찬바람이 우우 짐승처럼 몰려와도
무서워 목을 움츠려 본 적 없다

미나리는
하얀 눈을 머리에 손에 얹고서도
늘 푸른 기지개를 켠다

자신이 문득 초라하다고 느껴질 때
우는 사람아

미나리밭에 나가 보라
미나리밭에는
달도 푸르게 뜨더라

자정을 지나 밤은

1
자정을 지나 밤은
생각에 젖어 있다
작은 불빛 하나씩을 품고
잠든 집들의 숨소리를 듣는다

'살아 있음'

2
잠이 들지 못한다 나는,
모반을 꿈꾸는 쓴 약들이
내 혈관을 타고 섬처럼
떠다니는 것일까?
날개를 접고 내리는 눈물

3
고요를 딛고 올려다본 하늘에
외딴 눈썹을 가진

사람의 얼굴이 맑다

4
지평선 너머에서
손을 잡고 일어서는 평행선
저 기차는 나의 잠을 싣고
오는 것일까

5
강을 건너는 아침
창에 노을을 걸어 두고
나는 비로소 외출을
시작한다

아침맞이

이데올로기의 전쟁과 기아
에이즈(AIDS)를 담고
지구의 종말을 톱뉴스로 쏘아 올리지만
나의 식탁엔 하루분의 양식과
사과 한 알

세상을 덮는 어둠
그 두꺼운 비늘 속에서도 산다는 것은 두렵지 않아
사람들은 달팽이집을 짓고
불빛 꿈을 꾸리라

꿈속에 꽃밭을 일구며
내일이면 태어날 치자꽃 같은
아이들을 위하여 동화도 심고

지금은 이웃이 되어버린 먼 나라 이야기며
이민 간 누이의 가슴에 닿을
편지도 쓸 것이다

밤새 지층에서 잃어버린 연대와
문명의 수레를 찾아서
눈보라 치는 만년설을 오르고
젖은 눈썹으로 돌아와 잠이 들듯
새들도 보금자리로 돌아와
알을 품으리라

21세기의 바다에 아침이 열리고
인류는 출항을 시작하리라
영원히 사라지지 않을
푸른 별의 신화를 꿈꾸며

고도에서 1
— 버린다는 것에 대하여

버리면서
버리지 못하는 것들에 대하여
생각했다 쌀밥이나 혹은
은빛 멸치 한 마리 살아
헤엄치지 못하고 어디로
가버리나

밤새 소중했을 그 무엇도
왜 어둠이 되었나

자궁에선 왜
신생아가 태어나지 않나

중심에 있으면서
떠나는 것에 대하여
힘, 버티면서 밀리는 것에 대하여

아직 달동네 온기가 남아 있는

연탄 한 장과
끝내 썩지 않을 만장 같은 비닐과
어제 상계동에서 상처 입은 사람들과
그 모든 기록의 종점
일간지와

고도(孤島)에서
늘 버리지 못하면서
버리는 것들에 대하여 생각했다

고도에서 2
― 흔들리는 것에 대하여

바람이 불면
도시는 조금씩 흔들리고
강의 하구에서 고도는
모빌이 된다, 모빌이 되어
흔들리며 흔들며 사람들은 아쟁 같은
슬픈 소리를 낸다

저것 봐, 회오리야
회오리 속에 온갖 쓰레기가 아우성치며
팔을 휘젓고 있는 동안
우리들의 삶은 또 무슨 그림을 그릴까?
삶의 얼레에 온 생애의 줄을 감고
우리가 띄워야 할 연 같은 하늘 한 자락은
고추, 맵찬 몸에 뜨겁게
눈시울을 붉히고 있다

문패에 난 하나 치지 못한
도시의 하늘

하굣길 모빌 위에서 아이들은
바람개비가 되어 돌고 있다

고도에서 3
― 도시의 수채화

사주지 못한 그림물감
아이는 아버지 한숨의 강을 건너
눈가를 자주 적시더니 끝내 울었다
더 낮게 뜨는 하늘 지붕 아래
어머니 회색 치마저고리 같은 구름
한 자락 붙들고 내리는 비,
멀리 인천이나 경기도 광명 어디까지
발목을 뻗어 이젤을 세워두고
플라타너스가 손바닥을 편 가로수를 배경으로
걸려 있는 서울은 지금 수채화 한 폭
지우고 덧씌우며
아름다워지려 애쓰고 있다
비가 와도 지워지지 않는 화장을 하고 있다
서울을 떠나 외출 중인 화가 선생
고도를 위해 그는 무슨 그림을
구상 중일까 이렇게 비가 내리면
도시에서 사람들이 그리는 그림은 자꾸
추상화가 되고 있는데

그 검은 도화지는 빗물에 불어 떠내려간다

간다, 식구들의 배고픔
샌드위치 판넬 지붕 위에서 토닥토닥
완두콩을 볶는 하느님

입김을 불며 연신
매캐한 연기를 피워 올리며
수제비를 끓이는 어머니
지금, 학교 간 아이들
미술시간 수채화 그림물감이 되어
색을 풀고 있다

고도에서 4
― 눈 내리는 날의 일기

도시에도 겨울이면 눈은
약속처럼 내렸다

그러한 날 측백나무 아이들은
잔가지를 흔들어 손뼉을 쳤다
눈사람으로 서서
일손을 빼앗긴 아버지들은
꽁초 담배를 피워 신기루 집을 짓고
날려 보내기도 하면서
양철지붕 키 낮은 집
소주 내기 고스톱을 치고
밀린 잠에 절인 아내들은 골방에
김장배추가 되어 담겨 있다

온갖 버림받은 것들이 몸을 비비는 고도(孤島)
늘 오가던 길은 길을 잃었을까
천막 밖에선 해진 옷을 입은 바람이
춥게 울고 있다

눈은 내려 쌓이고 쌓이고

그러한 아침 눈들은
풀어진 끈처럼 이어진 길을 포장하면서
떠나온 인형의 집 주소를 묻고 있다

고도에서 5
― 변방으로 가는 배

힘센 물살이 밀려왔다 가는
생의 한때

고향으로 가는 막배는
이미 끊긴 지 오래
갈매기 같은 엽서 한 장
날아오지 않는다

앉는다 하늘에
수많은 별들이 십자가를 지고
다시 태어나고 있다

도시 끝자락은
사막 같은 고도(孤島)
낙타가 예루살렘으로
가는 길을 찾고 있다

겨울 풍경화

1
눈이 내린다 숲에
갇혀 있는 우리는 나목(裸木)
부끄럽고 부끄럽지 않은
에덴의 죄가
동쪽에서 떨고 있다

2
뜨거움을 삼킨다
눈이 와도 목이 마르고
푸른 바람이 몸을 뚫고
내 심장의 피를
하늘에 뿌린다

3
인간의 멍에를 끌고
지상의 묵정밭을 가는 소
눈을 보아라 방울 소리가 들릴 것 같은

그의 눈 속의 따뜻한 눈물을

4
새를 부르는 청아한 목소리
능금으로 익은 해를 품고
아이들은 둥지로 간다
마지막 빛의 지상에서
촛불을 켜는 어머니의 기도가 간절히
들린다 눈 덮인 산하에

5
매복한 어둠이 무성한 빨판을 달고
흡반을 시작하면
낮에 동굴로 숨은 박쥐의 말들이
이빨을 갈며 날개를 퍼덕이고
적막의 폐수가 땅속을 기어 나와 바다로
뜀을 뛴다 다시
눈발은 치고 새벽이 올 때까지

5
잠들지 않은 그대
그대가 산정에서 홀로 눈을 맞으며
어둠을 씻어 내리고
천상의 뜰엔 아침이 열리고
이 모든 것의 역사가
한 송이 꽃으로 피어나고 있다

횡계리의 겨울

영하 20도 수은주를 붙잡고 빙풍(氷風)이 분다
따뜻한 피를 담고 강이 흐르는
강원도 평창군 도암면
줄지어 쌓이는 목화송이처럼 내린 눈이
얼었다 녹고 어는 횡계리
북양을 헤엄쳐 온
명태의 가슴으로 우리는
겨울 속을 온몸으로 건너간다

덕장, 거푸집을 지은 나무의 마른 뼈들이
서로의 관절을 붙잡고
하늘을 오르는 계단 위에서
입을 벌리고
명태는 무엇을 꿈꾸고 있는 것일까?

발목을 적시며 살아온 사람들
천변에 등짐 부린 온갖 생애가 명태처럼 널려도
산다는 것은

두 눈 가득 푸른 하늘을 머금고
건강한 웃음으로
햇살을 받는 일이리라

바람이 말발굽 소리로 달려오고
먼 하늘에서 흰 눈발들이 내려앉는
겨울 횡계리는
산맥에서 삼십만 급의 명태를 엮은
금빛 황태로 살아나고 있다

보리를 밟으며

대지의 가슴을 쓸며
어제 내린 눈보라
그 매운 꽃 속에 시린 볼을 비비며
저희들끼리 두런두런 모여 있는 보리들

누가 들떠 있게 하는가?
대대로 누워 있는 이 땅을 우리들의 발목을
이 겨울 보리는
시린 발끝을 깨금발로 서 있다

보리를 밟는다
한 움큼 눈물로도
버릴 수 없고 얼릴 수 없는 가슴
밟히고서도 끝내 일어서는
봄을 위하여 그대들의 얼굴 위를
나는 군화로 건너간다

용서하라 허리 꺾인 보리들이여

발밑 찬 계절이여

들뜬 가슴 엮지 않고는
깊이 뿌리내리지 않고는
건너갈 수 없는

보리를 밟는다
밟히면 밟힐수록 더욱 푸르러지는 보리밭
이 땅을 짊어지고 일어서는 그대들
푸른 혈맥의 바다를 위하여
보리싹의 손끝에 잡히는 아침 이슬로
참 노동의 땀을 쏟고 또 쏟는다

눈이 오는 날에는

눈이 오는 날에는
선산이 지워지고
국립묘지가 지워진다

눈이 오는 날에는
대숲이 지워지고
달동네 함석지붕이 지워진다

눈이 오는 날에는
무밭이 지워지고
도시의 뒷골목, 쓰레기 더미 위 배춧잎이
지워진다

눈은,
하늘을 비우고
땅을 비우고

눈은,

앞에 간 행렬을 지우고
뒤에 선 행렬을 지우고

눈이 오는 날에는
지워지고 지워지는 것들이
살을 비비고 잠이 든다

푸른 꿈을 꾼다

대포 가는 길
― 이진식, 그 외기러기를 위한 연가

외기러기 울음 우는 길을 따라
대포로 갑니다
소식 없는 그대
안부 그리워 푸른 저수지를 지나
아버지 가슴만큼 무너져 내린
검은 채석산을 돌아 갑니다

슬픔은 남은 자가 채워야 할
마지막 술잔 같은 것이겠지만
살아 그대 그리움으로 흐르는 눈물
보지 못하는 설움에 더 큰 울음 우는
강이 되어 갑니다

어디에도 마음 둘 곳 없어
이승의 낯선 주소지를 떠돌다가
돌아와 잠든 고향 같은 집
1268번지 영혼의 안식처에
창을 여닫는 하늘

30리 밖 대포 가는 길
바람에 몸을 싣고 구름 한 점
구만리 북향길을 외기러기처럼 날아갑니다

해머를 들고

못을 박기 위함이 아니다
못이야 망치 하나로도 야무지게 박을 수 있고
동쪽으로 서쪽으로 그림자를 누일 수 있지만

세상에 망치 하나로 되지 않는 것이
철근으로 꽂혀 있고
철판으로 누워 있음을 어찌하랴
해머를 들고 두드리지 않으면
펴지지 않고 세워지지 않는 것이
많음을 어찌하랴

자유에 대하여
또는 통일에 대하여
풀무를 돌려본 사람은 안다
해머를 들고 두드려본 사람은 안다
망치 하나로 되지 않는 것이
무거운 역사를 두드려 맞출 수
없는 것이 있다는 것을

제4부

아버지의 노동으로

겨울 해는 짧았다
내가 한 편의 서정시를 생각하고 있을 때
어둠은 빠른 걸음으로 앞산을 내려와
우리들의 마을을 포장하기 시작하였다
떡갈나무며 은사시나무…… 배추밭과
마지막 키 큰 전봇대의 이마가 보이지 않을 때쯤
말없이 아버지는 돌아오시고
산처럼 굳은 아버지의 등 뒤에서 나는
50년 노동으로 일으키신 집이
흐느끼는 소리를 들었다
이 세상 모든 아픔이 되어
흘러오신 아버지의 생애가 밤새 젖고 있을 때
잠들지 못했다 무엇으로 나는
푸른 집을 데워 줄 모닥불
또는 국밥 한 그릇이 될 수 있을까?
삽날 가득 아침이 올 때까지 나는
아버지의 노동으로
어둠을 찍어내고 있었다

고향

바라보면 집이었다
바라보면 숲이었다
바라보면 바다였다

새들이 돌아와 둥지를 튼다

사람들이 돌아와 밭을 일군다

거기가 고향인 줄도
모르고

플라타너스

내 스무 살 이후는
도시 한가운데 서 있는 플라타너스였다
바람이 불어오는 쪽으로
머리를 누이다 이마를 다치기도 하고
진리의 손을 흔들다 푸른 잎을 떨구기도 하면서
뙤약볕 아래 혼자 서 있어야 했다
진땀을 흘리며 산다는 것은
큰 보람이기도 하였지만,
다른 나무들이 자신들을 덮어주는
보다 큰 나무의 그늘을 이야기할 때마다 나는
조금씩 성장을 멈추어야 했다
—사람 그늘 밑에 사람이 자란다
자동차와 호루라기와 군화 속에
자란다는 것은 왜 이리 힘든 것일까
햇빛을 온몸으로 이불처럼 감싸 안으며
홀로 잠이 들던 나는

5월

강물이 흐른다 5월
나무들이 저마다 기지개를 켜고
옷을 갈아입는다
정원의 꽃들도 함박웃음으로 벙그는 날
아침 숲으로 간 바람이
실로폰 소리로 새들을 부른다

계절은 늘 새로워지는 법
일생 가운데 가장 큰 오늘은 그대의 날
정원에서 들판으로
들판에서 산으로
산에서 다시 인간의 마을로
축전을 친다

서로가 서로에게 구하는 사랑보다
서로가 서로를 담고 싶어 하는 사랑보다
베풂과 나눔의 사랑을 모아 부르면
얼마나 아름다운 메아리가 되어 돌아올까

그대여 바람이 분다
지난겨울 파도치는 인파의 거리를 가며
잉걸불 같은 사랑법은 외로웠다
온몸으로 껴안을 시를 위해
시인의 나라에 꽃을 꽂고
젖은 술잔에 출렁이던

유리처럼 깨어진 자유
창가에 어리어
최루탄에 쓸려간 시대의 양심이
하늘에 어리어

부패한 고기를 찾지 않고
부패한 알을 품지 않는
사람의 양심과
사람의 사랑으로 큰길을 걸어가자

하나가 아닌 두 개의 보행으로
다시 일어서고
뿌리내린 마을마다 두 손을 포개어
느티나무 같은 생을 살자

이승의 가장 깊은 물목에서 만난
우리 두 사람
사랑의 단 열매가 열릴 때까지
그렇게 살자

퍼붓는 비가 되어

안개가 밀리고 흐린 날에는
비가 되어 내리자

눈에 보이는 것 모두
비에 젖게 하고
눈에 안 보이는 것 모두
흰 뿌리까지 흔들며
풍경이 죽어버린 밤까지 내려서
이 어둠을 깨우자

분노의 탄피를 안으로 불붙여
총탄처럼 퍼붓는 비가 되어 솟구친다면
강으로 강으로 나아간다면
태산도 뚫고 가는
강물이 되지 못하랴

반도의 하늘을 맨발로 딛고 가는
진정 설운 사람아

완행열차를 타자

인생이
종착역을 향하여 떠나는 열차라면
그대여
우린 완행열차를 타자

철로 변마다 싸리꽃 피는 간이역
막국수 같은 인연으로
낯선 사람과 만나
귤 한 쪽씩 나눠 보자

인정 많은 소설 같은 사람들의
이야기에 귀를 열어두고
시집처럼 따뜻한 눈물도
건네보자

안개비 내리는 산허리를 돌아
기적도 크게 한번 울려보고
앞서거니 뒤서거니

물처럼 흘러가 보자

인생이
황혼으로 가는 열차라면
그대여
우린 완행열차를 타자

저녁놀

이것은 강에서 피어올라
동천(冬天)에 번지는 한 움큼 꽃물

금빛의 날들을 향한
석류빛 향유(香油)

일상의 기도를 끝낸 다음
가장 엄숙하게
피었다 지는 꽃

편지를 쓰자

5월엔
편지를 쓰자

철쭉꽃 같은 손으로
푸른 가슴을 적자

더 이상 거짓이지 않게
무엇이 솟고 무엇이 가라앉는지
분명하게 말하자

살아서 이별인 그대여

산이 와서 앉아버린
아픔일지라도
5월엔 바다며 하늘을 가득,
담고 흐르자

향나무를 바라보며

나는 지금 어떤 나무일까
흙에 뿌리를 둔 저 나무는 사계절 저리 푸른데
지상에 뿌리내린 나도
저와 같이 푸를 수 있을까

구원의 하늘로 가지를 뻗으며
향을 피우는 나무처럼
나의 손끝에서도 저런 향기가 날까

저 나무는 정갈한 푸른 옷도
미련 없이 벗어 버리는 것을
한 목숨 다 버리고
숯불처럼 태워 버리는 것을

어느 날 내가 이승의 문을 닫고
길을 떠나면
내 발걸음도 아름다울 수 있을까?
세상 가득 향기를 피우는

바람의 날개를 달고서

온 세상 날아다니는
향기로운 이름의 저 나무처럼

그늘 속으로

나무의 이마 위 그늘 속에서
하늘이 자란다

나무의 가슴 안 그늘 속에서
새들이 자란다

나무의 밑동 그늘 속에서
벌레들이 자란다

느티나무

보았다 느티나무 정자 아래
저마다 강 하나씩 품고 가는 길을
마을 강가에서 출렁이는
맑은 아이들의 눈빛을

등으로 산 하나씩을 져 나르시던
아버지의 길이 지나간다
모시밭에 흰 손수건으로 오르시던
어머니의 길이 물레를 잣는다
한낮 물동이를 이고
실타래처럼 산마루를 붉게 넘어오는
석양 속 어머니

둥지에서 논으로 논에서 밭으로
밭에서 산으로 산에서 다시 둥지로
마을 가득 달무리를 올리던 동제(洞祭),
그 풍요의 길을
넉넉히 지켜보는 느티나무

여수
— 장군도

1
문패가 없어도 아침 해가 먼저 배달되는
중앙동 1번지에는
실눈 뜨는 가지마다 햇살이 수를 놓아
꽃을 흐드러지게 피워두고 가고

새들이 몸을 푸는 섬
중앙동 1번지에는
갈매기가 물어오는 바닷바람이
나무들 머리칼에 푸른 물을 쏟아
녹음을 만들어두고 가고,

은하수를 가로지르는 대교에서
견우직녀가 바라보는
중앙동 1번지에는
밀물과 썰물이
살을 비벼 체온을 올려놓고 가고,

배 없이도 마음이 노 저어 가는
중앙동 1번지에는
여인의 두 볼에 어린 홍조같이
밤새 누군가
상사병을 앓다 가고,

2
새장이 없어도 새를 가두고
철망이 없어도 날짐승을 가두고
그물이 없이도 바다를 가두고
감옥이 없이도 사람의 마음을 가두는
중앙동 1번지

화해를 위하여

비우지 못하는 마음이 남아 있다면
마저 비워야 합니다
먹장구름이 하늘을 비워서
푸르고 맑은 아침이 오듯
아직 걷히지 않은 욕심이 있다면
마저 풀어버려야 합니다
슬픔 많은 빙벽을 오르는 고드름도
제 가슴을 풀고 흐르면
강물이 되지 않습니까
낮과 밤을 용서하고
다 같이 별을 다는
마음이어야 합니다
그 모든 시기와 질투
이승에서 마저 비우지 못하면
그런 마음이 남아 있다면
저승에서 죄가 됩니다

무명초

그냥 피었다 질 뿐
나는 나의 이름을 갖지 않으렵니다

겨울나무가 되어

옷 벗었습니다. 한번 뿌리내린 자리 언 발 위로 찬물이 흐르고 있습니다. 서릿발이 칼처럼 서는 곳, 노루 꼬리만 한 햇살도 창을 두드리지 않는 이곳에서 나는 참을 인(忍) 자를 쓰고 있습니다. 육신은 북풍의 모진 채찍을 맞고 있습니다. 피 흘리고 있습니다. 부러진 팔, 갈라지고 옹이 진 마디마디 열 손가락 욕망을 버린 지 오랩니다. 벗으면 벗을수록 부끄러움이 없는 마음 하나, 쌓이는 눈[雪]의 양심입니다. 하늘 향한 나의 기도는 당신을 향한 사랑입니다. 이대로 선 채 불타올라 한 줌의 재가 되는 꿈조차 아름답게 여기며 살아가렵니다.

해설

푸른 염원의 깃을 다시 펼치며
— 강성재 시집 『가난한 영혼을 위한 노래』에 부쳐

백인덕(시인)

1.

　지난 세기였던, '그 시절'은 무엇일까. 이미 지나갔고, 그 시절이라 불리기에 구태여 '이름' 따위는 중요하지 않을지도 모른다. 사실 민족이나 사회 같은 운명 공동체를 생각하면 역사일 것이고, 개인 존재에게는 잘 합성된 기억의 서사일 뿐이다. 또한, 심리적으로 환상(illusion)이면서 착각(delusion)의 결과이기도 하다. 이처럼 '젊은 날'은 그 시절을 살아낸 이들에게는 보편적 향유이면서 동시에 개별 존재가 되기 위한 필수 조건이 형상화되는 시기이다. 따라서 뜨거운 열정을 품었든, 차가운 이성만을 벼렸든 불문하고 그 시기의 가치는 한 존재가 축적한 힘과 생의 지향점에 의해 판단되어야 한다.
　어느 시대, 어떤 문화권에서든 '서정의 힘(진실과 미학의 가치)'을 믿고 따르는 일군의 젊음이 존재한다. 이들을 격려하고 고무하는 금언(金言)도 쉽게 찾아볼 수 있다. 프랑스의 철학자 G. 바슐라르는 "세계의 규모와 차원을 변화시키지 못하는 꿈을 정말로 꿈이라고 할 수 있을까? 세계를 확대하지 못하는 꿈을 시인의 꿈이라고 할 수 있을까?"라고 묻는다. 또한, 1990년 노벨문학상 수상자인 멕시코의 시인 옥타비오 파스는 "시는 지식, 구원, 힘, 버림이다. 세상을 변화시킬 수 있는 시적 활동은 본질적으로 혁명적이며, 영적인 운동이자 내면의 해방을 위한 방법이다. 시는 이 세상을 드러내고 또 다른 세상을 창조한다."라고 선언했다. 주지하다시피 바슐라르는 시적 상상력으로 세계의 차원으로 향상할 수 있다고 믿었다. 세계를 초월하거나 신의 경지로 승화하는 것이 아니라 경이와 진실한 체험이 가득한 인간 존재의 본래 터전으로 만들자는 회유였다. 반면에 옥타비오 파스는 구체적으로 생생한 현실을 개혁하는 시인의 영적 에너지의 실체를 확신했다. 그의 '불타는 돌'이라는 시관(詩觀)은 세계 각지의 젊은 시인들 가슴에 그들만의 영원한 '불'로 옮겨붙기도 했다.

강성재 시인의 시집 『가난한 영혼을 위한 노래』는 그가 「시인의 말」에서 분명하게 밝힌 것처럼 "순수하고 열정적이었던 시절"을 되비치는 자성의 역광(逆光)이고, "시상(詩想)의 정원에 서서" 독자에게 받치는 '꽃다발'이다. 젊은 날의 이 '날것(raw image)'의 시편들이 '순수하고 열정적인 분위기'를 되살리는 역능(力能)이 되기도 한다.

가지 말자고 했다 더러는

가지 말라고 했다 누구는
돌부리가 비수를 품고 서 있는
그 길
가시덤불 우거지고 까마귀가
우는 날

쓰러진다고 했다
스러져 가라앉는다고 했다
가라앉아 떠오르지 않는
아, 우리들의 생

누구는 가지 말라고 했다
더러는 가지 말자고 했다
가야 할 그 길

—「서시」 전문

    인용 시의 제목처럼 '서시'는 몇 개의 층위에서 의미를 형성한다. 첫 번째는 일련의 연작시 제작에서 그 표제의 역할을 하며 연작의 주요 내용이나 방향을 함축해서 보여준다. 두 번째는 한 권의 시집에서 책 전체의 내용을 포괄할 수 있는 시적 자세, 즉 시작 태도나 방법을 피력하는 것이 있다. 세 번째는 비유하자면 인생의 출사표와 같은 역할을 하기도 한다. 아마 윤동주 시인의 '서시'을 떠올려보면 쉽게 이해할 수 있을 것이다.

인용한 시, 즉 시인의 '서시'는 앞에 언급한 두 번째와 세 번째 의미 사이 어디에 위치하는 것으로 보인다. 표면에 "우리들의 생"과 "가야 할 그 길"이라는 선택의 조건과 담보가 드러나기 때문이다. 짧은 작품에서 "가지 말자고 했다 더러는/가지 말라고 했다 누구는"이라는 내용이 반복된다. 반복은 강조다. 이 강조는 "가야 할 그 길"이 단순한 선택 사항이 아니라 일종의 '점지(點指)'임을 암시한다. 누에 농사에서 튼실한 것들을 고르면, 즉 사람 손이 닿으면 누에 등에 검은 점이 생긴다고 한다. 이 누에들은 잘 먹고 자라 튼실한 고치를 짓는다. 이를 삶아 실을 뽑으면 양질의 비단을 얻을 수 있다. 하지만 누에는 삶아지기 때문에 나방이 되지 못한다. 즉 우화(羽化) 대신에 비단 명주실을 남기는 것이다. 시인의 숙명을 비유적으로 대체한 이야기다. 시인은 자신의 숙명을 인식하는 데서 멈추지 않는다. 강성재 시인은 다른 시 「가야 한다 그 길을」에서 "땅의 하늘이신 아버지"와의 격정적인 대화를 통해 인식을 실천으로 바꾸려는 의지를 피력한다. "아버지, 넘어져서도 피어나는 꽃이 더 아름다운 법이에요 그리고 닫힌 문은 열기 위해 있는 것이 아닌가요?"라는 반문은 항의가 아니라 선언의 기색을 감추지 않는다. 김수영 시인이 일기초에 남긴 "누가 무엇이라고 비웃든 나는 나의 길을 가야 한다"라는 확신의 면모를 여기서도 엿보게 된다.

　강성재 시인이 「시인의 말」에서 "내 젊은 날의 편린(片鱗)들"이라고 명명한 이번 시집의 시적 지향은 두 가지 방향에서 이해가 가능하다. 하나는 대상의 범주, 즉 성장과 이주에 따른 외연의 확장을 통해 들여다보는 방법이 있고, 다른 하나는 처음에는 막연했다가 점차 구체적인 의미를 함축하며 선명해지는 상징을 풀어보는 것이다.

2.

　가족, 언어, 고향은 인간 존재의 근거로 정립(鼎立)한다. 이 세 근거는 기원을 따지기 이전에 친숙하고 늘 가까이 있기에 실제 그 의미가 잘 드러나지 않는다. 따라서 가족, 언어, 고향의 의미와 가치는 이별이나 억압, 귀향이라는 낯선 경험을 통과할 때 더욱 구체적인 실감으로 살아나는 특성을 갖는다. 그렇지 않은가, 자식은 스스로 부모가 되었을 때 자신이 귀속했던 부모-자식 가족의 참 의미를 깨닫는다. 마찬가지로 이방의 언어에 둘러싸여 정체성의 혼란을 경험할 때 우리는 존재의 근거로서 모국어의 참가치를 알게 된다. 또한, 고향은 물리적으로든 심리적으로든 추방이라는 찢김 이후 재결합하기 위한 귀향의 과정을 통과해서만 존재의 근거로서 참 기능을 드러낸다.

　가족의 정의는 시대적 요구에 따라 변한다. 하지만, 지난 세기 그 시절의 가족은 희생과 헌신이라는 대가를 기꺼이 감수하며 양육과 자립 준비를 위해 최선을 다하는 상황이었다. 요즘처럼 친밀한 상호 소통이나 세대 간 존중과 평등을 전면에 내세울 수 없는 시절이었다. 강성재 시인은 지난 시대의 초상을 그대로 간직하고 있는 '어머니와 아버지', 가족의 두 기둥을 애틋한 시어와 절절한 음조로 형상화한다.

1

식구들의 잠 깊은 강을 건너
등불을 켜는 어머니의 아침은
늘 축시였다
낮게 웅크린 아궁이에
불을 지피고 밥을 짓는 동안에도
작은 기도 소리가 들리고
따스한 손길로 싸시는 몇 개의 도시락엔
들에 콩을 심으시는 마음으로
모정을 꼭꼭 눌러 심으셨다
싸리 빗자루로도 쓸려가지 않는
가난의 모래알들을 털어내는
30년 어머니의 행상길,
어둠이 뒤를 밟거나
달빛이 긴 그림자를 만들며 함께 걷곤 하였다
바람이 솔숲을 울리고
빗방울이 황토에 마마 자국을 남기는 날에도
하얀 무 몇 단과 푸른 배추 몇 포기의 희망이
어머니 머리 위를 떠나지 않을 때
내 눈에는 지울 수 없는 큰 강이 흐르고
나는 한 그루 느티나무로 자라리라
다짐했다

―「어머니의 아침」 부분

    이 시는 유년 화자를 설정하고 있지만, 적확한 시어들을 선택하여 시상을 매끄럽게 전개한다. 아마 시인이 심혈을 기울여 여러 차례 수정한 작품으로 보인다. 글의 성격상 생략했지만, 숫자 2로 구분된 이어지는 부분(2연)도 같은 성과를 보여준다. 나아가 인용 부분에서 시상을 여는 역할을 했던 "어머니의 아침은/늘 축시였다"가 이어지는 연에서는 맨 끝에 자리해 주제를 강조하는 수미일관의 기법을 보여주기까지 한다. 하지만, 아무리 털어내도 줄어들지 않는 가난의 무게에 그대로 짓눌리지 않고, '작은 기도'와 함께 따스한 손길로 "들에 콩을 심으시는 마음으로/모정을 꼭꼭 눌러" 도시락을 싸시던 어머니의 의연함 때문에 이 작품에 주목하게 되는 것은 아니다. 오히려 그 의연함은 "나는 한 그루 느티나무로 자라리라/다짐"하는 진정한 계기였다는 점에 주목해야 한다. 30년 행상길, "하얀 무 몇 단과 푸른 배추 몇 포기의 희망이/어머니의 머리 위를 떠나지 않"음을 알게 되었을 때, 화자는 가슴 깊은 곳에서 한결같음의 가치를 체득하게 된 것이다. 뒤에 다시 언급하겠지만, '가야 할 그 길'은 시인의 선택이었으나 '한 그루 느티나무'가 되리라는 바람은 어머니의 유산이라고 해도 지나치지 않다.

    겨울 해는 짧았다
    내가 한 편의 서정시를 생각하고 있을 때
    어둠은 빠른 걸음으로 앞산을 내려와

우리들의 마을을 포장하기 시작하였다

떡갈나무며 은사시나무…… 배추밭과

마지막 키 큰 전봇대의 이마가 보이지 않을 때쯤

말없이 아버지는 돌아오시고

산처럼 굳은 아버지의 등 뒤에서 나는

50년 노동으로 일으키신 집이

흐느끼는 소리를 들었다

이 세상 모든 아픔이 되어

흘러오신 아버지의 생애가 밤새 젖고 있을 때

잠들지 못했다 무엇으로 나는

푸른 집을 데워 줄 모닥불

또는 국밥 한 그릇이 될 수 있을까?

삽날 가득 아침이 올 때까지 나는

아버지의 노동으로

어둠을 찍어내고 있었다

— 「아버지의 노동으로」 전문

    시인에게 아버지는 "전쟁과 보릿고개의 언덕을 바람으로 넘어오신 아버지, 숲이 아닌 들에서 성장하신 큰 나무"(「가야 한다 그 길을」) 같은 존재다. 동경을 품은 연민과 그 연민을 떨쳐내야 한다는 부정 의식을 동시에 일으킨다. 이해하고 사랑하지만 닮아가는 게 두려운 존재인 셈이다. 시집 전체를 일독해야만 유추할 수 있는데, 어머니의 30년 행상과 아버지의 50년 노동 사이, 즉 20년 사이에 시인의 가족에게 커다란 변화가 있었으리라 짐작된다. 급속한 산업화와 도시로의 인구 집중 같은 사회 경제적 변모 양상을 언급하지는 않겠다. 다만, '여수 중앙동 1번지'(「여수–장군도」)가 "아직 달동네 온기가 남아 있는/연탄 한 장과/끝내 썩지 않을 만장 같은 비닐"의 '상계동'(「고도에서 1—버린다는 것에 대하여」)으로 바뀐 것은 시인의 신체적 성장만큼이나 내적 성숙에도 큰 영향을 주었을 것이다.

인용 시에서 시인은 "한 편의 서정시"를 생각하고 있다. 당연히 이때의 '서정'이란 자아와 세계, 혹은 자연(사물)과의 조화와 감응을 바라는 순수한 심적 표상을 지시할 것이다. 하지만 마을에 가로 선 것들, 즉 나무와 전봇대마저 다 어둠에 잠긴 이후에 "말없이 아버지는 돌아오시고" 시인은 시상에서 깨어나 "집이/흐느끼는 소리를" 듣는다. 시인은 아직도 '한 그루 느티나무'로 자라리란 다짐을 버리지 않았지만 우뚝했던 아버지란 나무의 '아픔'을 보면서 "무엇으로 나는/푸른 집을 데워 줄 모닥불/또는 국밥 한 그릇이 될 수 있을까?" 생존과 미래를 모두 건 고뇌에 빠질 수밖에 없었다. "국어책을 읽다 보면/어느새 책보다 커다란 빵이 보였"(「책과 빵 2—책보다 커다란 빵에 관한 학습」)던 유년은 행복한 기억이 되어 접혔고 이제 "온몸에 줄을 감고 책과 빵을 위해"서 "늦은 밤이면 구공탄이 숨을 거둔/방에서 나는 삼각 도형을 그리며/새벽까지 깨어 있"(「책과 빵 4—1980년 겨울」)어야 하는 청년의 모습이 된 것이다. 더욱이 "아침이면 하루분의 빵을 위해/하행선 아랫목 같은 고향길을 지우며/세찬 눈발로 온 도시"가 덮이는 타지에서 그 눈에 가려 가난하지만 꿋꿋했던, 다짐하기만 하면 무엇이든 될 수 있을 것 같았던 유년의 자기

정체성을 잃어버리고 만 것이다.

3.

  상실을 통해, 아니 상실의 회복을 통해 원래 지녔던 의미보다 더 심오해지고, 본래 가치보다 더 귀하게 여겨지게 되는 것들이 있다. 존재의 성장과 드러남이라는 측면에서 생각하면 바로 '고향'이 그런 대상이다. 독일 시인 라이너 릴케는 "이제 나에게는 고향이 없다. 고향을 잃은 일은 없으나 이 세계 깊은 심연으로의 탐닉이 나를 고향 없게 하고 있다. 이 세상의 가장 원초적인 체험으로 되돌아가고 싶은 것이다."라고 고백한 바 있다. 고향의 익숙함, 안온함, 친절함에서 벗어나 고독한 사내로서 세상에 맞서고 싶다는 것이다. 물론 여기서 고향은 '집'과 같은 구체적 장소이며 존재의 근거로서 언어, 즉 모국어를 지시하지는 않는다.

  강성재 시인은 '고향'을 잃음, 혹은 떠남을 통해 뜻하지 않게 두 개의 가능성을 새롭게 연다. 하나는 개념으로서의 가난을 직시하여 절실한 현실을 품을 수 있는 언어로의 길을 열어주는 일이고, 다른 하나는 세계에서 고독한 존재가 됨으로써 귀향이라는, 즉 어떤 원형의 회복이라는 꿈을 생성할 수 있게 된 것이다.

> 내 스무 살 이후는
>도시 한가운데 서 있는 플라타너스였다
>바람이 불어오는 쪽으로

머리를 누이다 이마를 다치기도 하고
　　진리의 손을 흔들다 푸른 잎을 떨구기도 하면서
　　뙤약볕 아래 혼자 서 있어야 했다
　　진땀을 흘리며 산다는 것은
　　큰 보람이기도 하였지만,
　　다른 나무들이 자신들을 덮어주는
　　보다 큰 나무의 그늘을 이야기할 때마다 나는
　　조금씩 성장을 멈추어야 했다
　　―사람 그늘 밑에 사람이 자란다
　　자동차와 호루라기와 군화 속에
　　자란다는 것은 왜 이리 힘든 것일까
　　햇빛을 온몸으로 이불처럼 감싸 안으며
　　홀로 잠이 들던 나는
　　　　　　　　　　　　　　―「플라타너스」 전문

　앞에서 이미 살펴본 것처럼 시인은 '한 그루 느티나무'가 되리라 다짐한 바 있다. 그 다짐은 어머니가 보여주시던 한결같은 모습이 나무의 일관성으로 전치된 것이고, 숲이 아니라 들에 서 있는 나무처럼 외롭고 위태로워 보이던 아버지의 모습을 자신이 대체하려던 무의식의 발로였다. 하지만 결국, 시인은 "내 스무 살 이후는/도시 한가운데 서 있는 플라타너스였다"라는 힘겨운 고백을 하게 된다. "사람 그늘 밑에 사람이 자란다"라는 선언은 마냥 꿈에 부풀어 있는 소년의 음성이 아니다. 시인은 "차마 서러운 얘기일랑/치마폭에 담아 우시던 내 어머니,/그 어머니의 낮은 어깨를 적셔주던 하늘처럼/땅에서 일어서는 한 아름 불꽃으로/수레를 끄는 형제들의 뒷등을 감싸주는/한 벌 옷이 되고 싶다"(「군불을 지피며」)는 희망을 간직한 채 "제 목숨을 버리는 일 없이/어찌 가시나무새처럼 울 수 있을까/영혼을 괴는 아픔 없이/어찌 피리 소리로 떠날 수 있을까"(「가지치기」) 다그치며 시를 쓰고 또 썼다. 어쩌면 자신이 쓰는 시가 '망치'가 아니라 '해머' 정도가 되어 "자유에 대하여/또는 통일에 대하여"(「해머를 들고」) 망치로 되지 않는 '무거운 역사'를 두들기는 꿈을 꾸기도 했을 것이다. 하지만 끝내 시인은 "자동차와 호루라기와 군화 속에/자란다는 것은 왜 이리 힘든 것일까"라는 탄식을 쏟아낸다. 흔히 말하는 '시의 위의(威儀)'나 '서정의 힘'에 대한 믿음이 흔들린 것일까. 다음 작품을 통해 강성재 시인의 시적 지향이 '사유(시적 인식)와 짓기(詩作)' 두 측면에서 명료해지고 깊어지는 것을 볼 수 있다.

    산다는 것이 때로
    눈물겨울 때
    붓을 들고 화폭 같은 강변에
    나가볼 일이다

    해 질 녘 노을처럼
    강변을 걸어오는 사람들
    손에 가난은 익어

파장을 돌아
고등어의 슬픔으로 남을지라도
어깨 위로 내리는
깨끗한 눈송이를 오래도록
바라볼 일이다

달빛이 안개꽃처럼 야윈 강심
우리도 저와 같이
가진 것이 없음으로
더 빼앗길 것 없는
이 넉넉함
이 눈부심으로 흘러볼 일이다

산다는 것이
때로 눈물겨운 사람아

—「가난한 영혼을 위한 노래」 전문

   이 시집의 표제작인 인용 시에서 시인의 서정은 내용과 표현 두 부분에서 거의 완벽한 조화의 상태를 보여준다. 여기서는 '가난'이 궁핍이나 결핍의 직접적인 상관 어휘가 아니라 인간 존재의 근본적 결여와 관련된다. 2연이 생활에서 겪는 아픔을 "어깨 위로 내리는/ 깨끗한 눈송이"를 통해 형상화했다면, 3연은 단순한 이미지의 전개가 아니라 시인의 시 의식의 펼쳐짐이라 할 수 있다. "달빛이 안개꽃처럼 야윈 강심"을 바라보며 "가진 것이 없음으로/더 빼앗길 것 없는/이 넉넉함"을 건져 올릴 수 있는 것은 시인이 이미 "산다는 것이 때론 이렇게/노동의 땀을 흘리며 하루 한 번씩/물에 잠기는 일일지라도" 거기에 함몰하지 않고 "내 한 벌의 옷 속엔/젖은 햇살과 마른 바람이/물빛 꿈을 꾸고"(「내 한 벌의 옷 속엔」) 살고 있음을 깊이 이해했기 때문에 가능하다. 어쩌면 이 가능성이 이후 시인의 시 세계의 근간이 되었을지도 모른다.

> 옷 벗었습니다. 한번 뿌리내린 자리 언 발 위로 찬물이 흐르고 있습니다. 서릿발이 칼처럼 서는 곳, 노루 꼬리만 한 햇살도 창을 두드리지 않는 이곳에서 나는 참을 인(忍) 자를 쓰고 있습니다. 육신은 북풍의 모진 채찍을 맞고 있습니다. 피 흘리고 있습니다. 부러진 팔, 갈라지고 옹이 진 마디마디 열 손가락 욕망을 버린 지 오랩니다. 벗으면 벗을수록 부끄러움이 없는 마음 하나, 쌓이는 눈[雪]의 양심입니다. 하늘 향한 나의 기도는 당신을 향한 사랑입니다. 이대로 선 채 불타올라 한 줌의 재가 되는 꿈조차 아름답게 여기며 살아가렵니다.
> ―「겨울나무가 되어」 전문

이 시집이 완성되기까지, "1961년도/발표된" 그래서 "717페이지 짜리/대한민국이 발행한"(「자화상」) 존재는 젊은 그 시절을 '시'라는 그 길, 한 길에 매진했다. 그러는 동안 하늘과 바다, 이웃들을 서로 비추고 연결하던 '섬'은 서로 비슷하고 한 공간을 점유하면서도 각자 밀어내기만 하는 '고도(孤島)'로 바뀌는 혼란도 있었다. 여전히 "찬 눈물도/녹이면서 불꽃 속에서/빵과 자유에 대해/시를 쓰는 밤이면/나는 왜 울고 싶은 것일까"(「나는 왜 울고 싶은 것일까」) 반문하기도 하지만, 이미 시인의 가슴 깊은 곳에는 "서릿발이 칼처럼 서는 곳"에 뿌리내리게 되더라도 "참을 인(忍) 자를" 되풀이 쓰는 결기와 인내가 서려 있다. 이 "젊은 날의 편린(片鱗)"은 '겨울나무'의 강인한 생명력을 이해하기만 한다면, "벗으면 벗을수록 부끄러움이 없는 마음 하나, 쌓이는 눈[雪]의 양심"으로 이후로도 오래도록 기억될 것이다.

가난한 영혼을 위한 노래
ⓒ 강성재

    초판 1쇄 인쇄 2024년 10월 24일
    초판 1쇄 발행 2024년 10월 31일
          지은이 강성재
          펴낸이 김석봉
          디자인 헤이존
          펴낸곳 문학의전당
      출판등록 제448-251002012000043호
            주소 충북 단양군 적성면 도곡파랑로 178
            전화 043-421-1977
      전자우편 sbpoem@naver.com

           ISBN 979-11-5896-669-0 03810

*이 책의 판권은 지은이와 문학의전당에 있습니다.
*양측의 서면 동의 없는 무단 전재 및 복제를 금합니다.
*잘못 만들어진 책은 바꿔드립니다.
*이 시집은 한국장애인문화예술원의 후원을 받아 2024년 장애예술 활성화 지원사업의
  일환으로 발간되었습니다.